Made in the USA
Monee, IL
26 January 2022

90009656R00072